Serge
Gainsbourg

MEINEN KINDERN CHARLOTTE, SARAH LEE UND BILLY.
UND PASSS, OHNE DIE ...

DANKE AN
Atomic, meinen treuen Mitstreiter, du bist für mich zu einem Freund geworden, deine
Arbeit und deine Geduld haben mir enorm viel geholfen. Dir danke ich ganz besonders.
Françoise Carminati, meine Barbara, die immer die verlegten Bilder wiederfindet. Nathalie
Beaux und Claude Hénard, für das Vertrauen, das ihr mir entgegengebracht habt, und für
eure Liebe zu schönen Bildern – etwas, was man so nur selten findet. Franck Richard und
Thomas Consani für die Durchführung, die Präzision und die Qualität dessen, was ihr im
Dunkeln (der Dunkelheit des Fotolabors) macht. Catherine Laignel für ihre Liebenswürdig-
keit, ihre wertvolle Hilfe und ihre Diskretion. Lulu Gainsbourg. Régine, die Familie Gains-
bourg und Herrn Mitchell. Bruno de Keyzer für dein Wissen und deine guten Ratschläge.
Vincent Palmer, deine Suche nach Satzbaufehlern lässt mich deiner Musik nachtrauern.
Jean-Claude Vannier, du änderst dich nie – in keiner Weise. Olivier Gluzman, David Valla-
Dury und Christophe Almy. Dave Brolan, Christian Voges, Étienne Foucher, Charlotte De-
biolles und SarahLee Laulhé für ihre tatkräftige Hilfe hinter den Kulissen. Kate Barry, dafür,
dass sie Fotografin geworden ist. Michel Pascal, es war richtig von dir, mir in Villerville ein
klares Zeichen zu geben.

UND VOR ALLEM GILT MEINE GROSSE DANKBARKEIT
UND EBENSO GROSSE ZUNEIGUNG
Miss Birkin, der Jane B.
Charlotte, du bist in dieser ganzen Zeit richtig groß geworden.
Bambou, du wirst für mich immer »Bambou« bleiben.
In Gedanken werdet ihr alle drei immer bei mir sein, genau wie Serge.

Serge
Gainsbourg

Fotografien von TONY FRANK

Unter Mitwirkung von Jane Birkin,
Bambou und Charlotte Gainsbourg

Schwarzkopf & Schwarzkopf

Der Mensch ist das einzige Wesen,
das darüber staunt, dass es existiert.
ARTHUR SCHOPENHAUER

Vorwort

Ich entdeckte Serge eher zufällig: Ich liebte Jazz, interessierte mich für die Musiker, die ihn zu jener Zeit begleiteten (Elek Bacsik und Michel Gaudry), und dass er Boris Vian verehrte, wirkte auf mich irgendwie anziehend.

Ich ging ins Théâtre des Capucines, wo ich auf der Bühne die schmale und hochgewachsene Gestalt eines Mannes erblickte, der wie ein desillusionierter Dandy aussah. Er schien mir anders zu sein, dem französischen Chanson der damaligen Zeit sogar um einiges voraus: Es lag an seinen Worten, die poetisch und avantgardistisch zugleich waren.

Kurioserweise holte er ab und zu einen kleinen Spickzettel aus seiner Jacketttasche, um sich diese Worte erneut ins Gedächtnis zu rufen ...

Später begegnete ich ihm manchmal auf Cocktailpartys, die häufig veranstaltet wurden, ohne dass es großartig etwas zu feiern gegeben hätte. Serge stand dann dort in einer Ecke, rauchte eine Zigarette nach der anderen und befand sich meistens, wie man zu sagen pflegte, »in netter Begleitung«.

Einige Jahre später bat mich seine Plattenfirma, ihn zu Hause zu besuchen, um ein Plattencover für ein Album zu machen. Ich weiß noch, wie ich in der Rue de Verneuil ankam. Mein Gehirn war noch völlig vernebelt vom Abend davor, mit Freunden hatte ich fast bis zum Morgengrauen gefeiert. Das hat meine Schüchternheit und die Angst, die ich vor jedem beruflichen Treffen verspürte – und auch heute immer noch verspüre –, gemindert.

Serge, seinerseits ebenfalls ein wenig verlegen, raunte mir verschwörerisch zu: »Gehen wir Zitronen kaufen, den Rest habe ich da ...« Wir gingen zum Lebensmittelladen. Nach unserer Rückkehr löste sich die Spannung, als er zwei große Gläser holte, uns einen kräftigen Schluck Wodka einschenkte und ein bisschen Tomatensaft, Worcestersauce, einen gehörigen Schuss Tabasco und den obligatorischen Spritzer Zitrone dazugab.

Nachdem sich der (ausgesprochen!) scharfe Geschmack, den ich so sehr mochte, verflüchtigt hatte, war ich ein wenig ins Schwitzen geraten und mir tränten leicht die Augen, ich fühlte mich aber wie neu geboren. Mit Serge zusammen kostete ich unzählige Mixgetränke mit viel Alkohol, die aber sehr gut schmeckten. Er gestand mir, dass er ebenfalls die ganze Nacht nicht geschlafen hatte. Nachdem wir uns ein wenig unterhalten und jenes berühmte erste Glas miteinander getrunken hatten, gingen wir in den Gemeinschaftshof des Wohnhauses. Was mich an diesem Hof sehr störte, war, dass das Licht nur wie durch einen Tunnel von oben hineinfiel. Zudem wies Serge mich darauf hin, dass wir keinen Lärm machen sollten, um die anderen Hausbewohner nicht zu stören.

Doch ich arbeitete lieber ganz im Freien – was ich auch heute noch bevorzuge. Dadurch spart man sich viel Zeit, die sonst für den Beleuchtungsaufbau verloren geht, und das Modell fühlt sich weniger eingeengt als in einem eingegrenzten Bereich. Draußen kann man sich nach Lust und Laune bewegen, wodurch man sich freier fühlt: freier zu atmen und frei für Inspirationen.

Als ich schließlich noch einmal vorbeikam, um Serge die Kontaktabzüge zu zeigen, war er mit dem Ergebnis sehr zufrieden. Er traf eine Auswahl, und aus dieser Fotoserie wurden fünf Aufnahmen für Plattencover von Neuauflagen, die 1969 erschienen, verwendet: *Le poinçonneur des Lilas*, *La chanson de Prévert*, *La javanaise*, *Couleur café* und *Initials B.B.* Serge mochte diese Fotos so sehr, dass er sie in unseren Gesprächen noch oft erwähnte. Einige Zeit später gestand er mir, dass das Porträt, das in diesem Buch auf der Doppelseite 10/11 zu sehen ist, sein Lieblingsfoto war.

Serge war immer ein angenehmer Mensch, höflich, bescheiden, sehr humorvoll, er guckte oft ein wenig schelmisch, wie auch Kinder das tun, wenn sie etwas aushecken. So zufrieden wie ein Kind sah er auch aus, als er bei seinem Bühnen-Comeback im La Cigale und dann auch im Casino de Paris von einer großen Zuschauermenge begrüßt wurde.

Wir sprachen auch viel über Fotografie, Licht, Technik, vor allem, als er sich dafür entschied, selbst einen Fotoband zu machen, und zwar *Bambou et les poupées*. Ich erklärte ihm, wie wichtig ich es fand, dass der Fotograf der Person, die er fotografiert, dient, indem er alles daran setzt, sie in den Mittelpunkt zu stellen.

Manche geben der allgemeinen Stimmung, der Idee des Fotos, den Vorzug und vernachlässigen dabei ihr Modell. Was mich angeht, so versuche ich vor allem, die Persönlichkeit desjenigen, der vor mir sitzt, den ich durch mein Objektiv hindurch sehe, zu verstehen und einzufangen. Die Wahl des Hintergrunds, des Dekors ist natürlich von fundamentaler Bedeutung. Danach geht es darum, die bestmögliche Ausleuchtung zu erreichen, um die gewünschte Stimmung zu erzeugen. Ich richte es immer so ein, dass ich bereits alle technischen Geräte an ihren Platz stelle, bevor die zu fotografierende Person kommt, so dass sie nicht warten muss … zumindest nicht zu lange. Um ein noch besseres Ergebnis zu erzielen, muss der Mensch, der da vor mir sitzt, so entspannt wie möglich sein. Er muss alles um sich herum vergessen, mich eingeschlossen. Aus diesem Grund rede ich vor dem Shooting viel mit ihm, um sein Outfit und seine Haltung mit ihm zu besprechen und eine Atmosphäre des Vertrauens zwischen uns zu schaffen.

Die Erfahrung hat mich gelehrt, dass man dem Modell Zeit lassen muss, um sich an die Situation zu gewöhnen und sich wohlzufühlen. Deshalb werden die ersten Bilder auch oft nichts. Doch danach kommt der entscheidende Augenblick, wo alle Bedingungen für ein gelungenes Foto gegeben sind – aber der ist flüchtig. In diesen fast magischen Momenten muss es schnell gehen, bevor man die Aufmerksamkeit der fotografierten Person endgültig verliert. Wenn es vorbei ist, nutzt es nichts, noch weitermachen zu wollen. Einen abwesenden Blick wieder einzufangen ist ein fast unmögliches Unterfangen, das nur selten gelingt.

Zwischen Serge und mir entwickelte sich nach und nach eine Freundschaft. Wir telefonierten regelmäßig, manchmal um uns einfach zu treffen, manchmal um miteinander zu arbeiten. Meistens kam ich am späten Vormittag zu ihm. Wir unterhielten uns ein bisschen und gingen dann essen – oft zu Michel Olivier ins Bistro de Paris, Rue de Lille, oder bei Serge gegenüber in den Galant Vert.

An diese Mittagessen, in denen wir oft in einer solch euphorischen Stimmung waren, dass die Zeit nur so verflog, erinnere ich mich noch genau. Manchmal machten wir anschließend Fotos, an anderen Tagen schworen wir uns, ganz bestimmt am nächsten Tag welche zu machen ...

Ich arbeitete lieber bei Serge zu Hause als im Studio. Dort fühlte er sich wohl und war entspannter, weil er in seiner gewohnten Umgebung war. Im Erdgeschoss der Rue de Verneuil befanden sich die Küche (wo sein maßgefertigter Kühlschrank mit durchsichtiger Tür stand, auf den er sehr stolz war), das Wohnzimmer und eine kleine schwarze Treppe, die zu den Schlafzimmern und der Bibliothek hinaufführte. Die Bibliothek war ein winziger, fensterloser Raum, der sich nur sehr schwer fotografieren ließ. Serge archivierte dort sorgfältig diverse Gegenstände, doch wenn er einen Artikel oder eine Platte bekam, die sich auf seine aktuelle Arbeit bezogen, platzierte er diese deutlich sichtbar im Vordergrund. Das Foto, auf dem er sich mit seinen Platten präsentiert, wurde im Schlafzimmer auf seinem Bett aufgenommen. Er wollte die Plattencover, für die ich mit ihm die Fotos gemacht hatte und die er sehr mochte, in den Mittelpunkt rücken.

Wie zu jener Zeit allgemein üblich, wurde Serge vor den Shootings nicht geschminkt – noch nicht einmal bei den Studioaufnahmen. Wie alle Menschen, die oft fotografiert wurden, wusste er, wie er sich vor dem Objektiv zu positionieren hatte, und vertraute mir vollkommen. Im Laufe der Zeit wusste ich – da ich ihn sehr gut kannte –, aus welchem Winkel ich ihn am besten fotografieren musste, um ihn in natürlichen Posen so zur Geltung zu bringen, dass er wirklich ER SELBST war.

Ich erinnere mich an die eine Fotosession mit Charlotte in La Défense in Paris, kurz vor Beginn der Dreharbeiten zu *Lemon Incest*. Serge hatte mir vorgeschlagen, die beiden an einem Samstagnachmittag mit dem Auto abzuholen. Ich hatte mir die Ecke zwei oder drei Tage zuvor angeschaut und fand den Ort interessant. Mir gefiel es, dass die Hochhäuser so etwas Grafikartiges hatten. Außerdem waren dort nicht viele Leute unterwegs, da die Büros samstags zu waren. Das Licht war an jenem Tag sehr weich und die großen Fensterfronten dienten als Reflektoren. Serge legte Charlotte den Marineoffizierspulli über die Schultern, der Janes Vater gehörte, und steckte ihr eine Zigarette zwischen die Finger. Ich ließ ihn machen, da ich wusste, dass er eine ganz präzise Vorstellung im Kopf hatte. Ich gab ihnen nur Hinweise zum Licht und zu meiner Kameraeinstellung. Charlotte war bereits sehr fotogen. Sie war damals vierzehn, äußerst charmant und ihrem Vater sehr zugetan. Er war sichtlich stolz auf sie.

Es ist schon seltsam: Manchmal kommt es mir so vor, als würde er mich gleich anrufen, dann würde ich in die Rue de Verneuil fahren, wo er mit seinem Terminkalender in der Hand im Sessel sitzen würde, den Aschenbecher in Reichweite ...

Tony Frank

Paris, Club in der Rue Sainte-Anne, 1962.

Folgende Doppelseiten:
Paris, 5bis, Rue de Verneuil, erstes Arbeitstreffen, 1968.

Die Session dauerte eine halbe oder eine Drei-viertelstunde: Ich machte nur Schwarz-Weiß-Aufnahmen. Die Sonne war rasch verschwunden. Durch dieses besondere Licht, das von oben kam, wurden Serges Gesichtszüge betont, was sehr interessant aussah, auch wenn die Fotos im Er-gebnis nicht mehr ganz scharf sind. Wir machten Aufnahmen an zwei verschiedenen Orten: einmal die Fotoserie, die wir uns für die Plattencover auf-hoben, und diese hier, auf denen die Pflanzen-spaliere im kleinen Innenhof zu sehen sind.

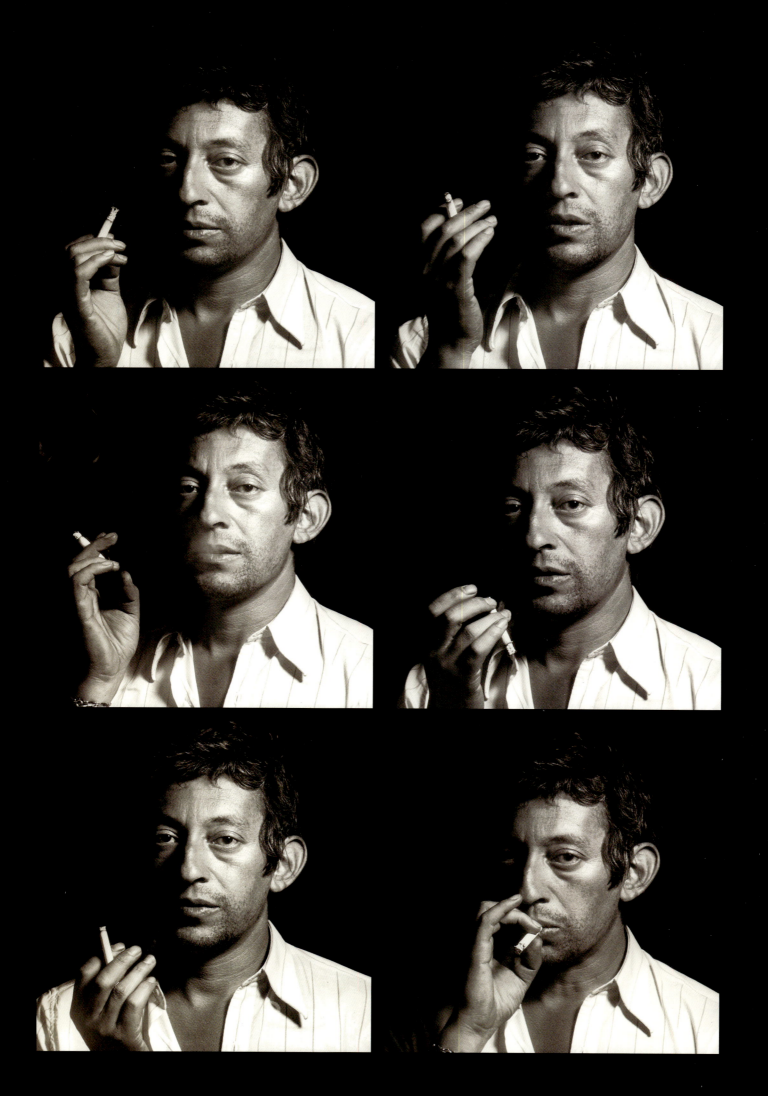

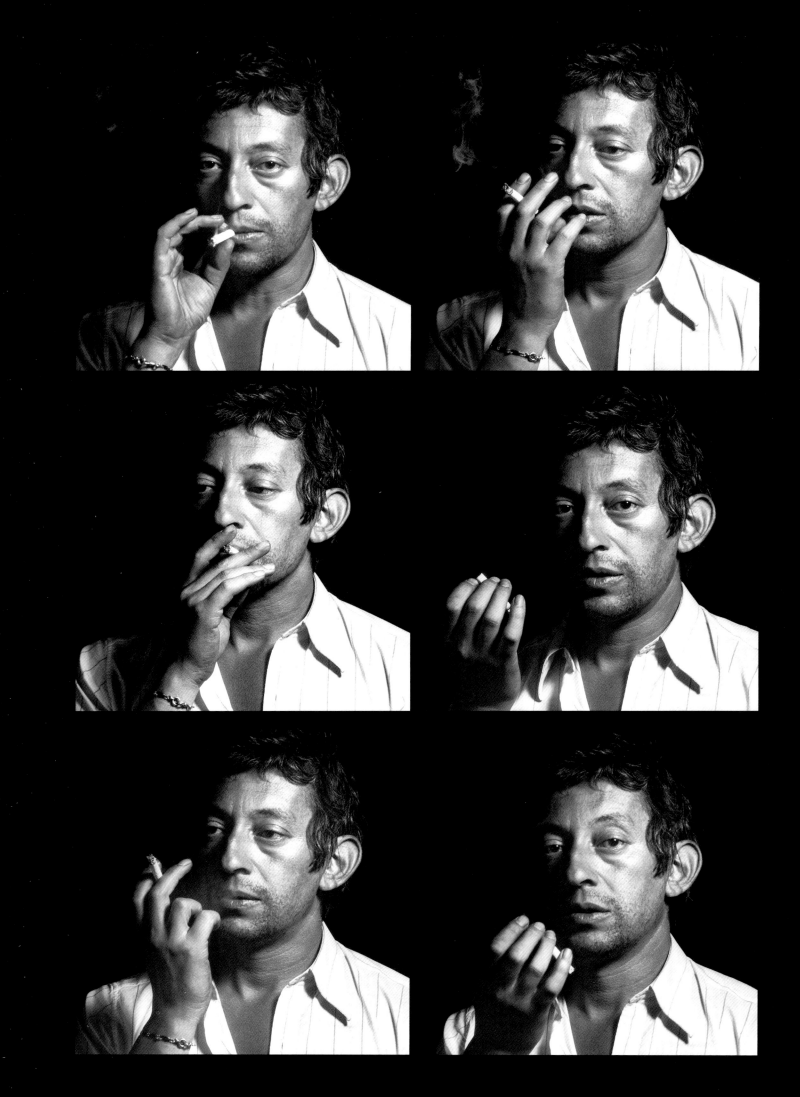

Tony, du liebevoller Zeuge unserer schönsten Jahre ... es zerreißt mir das Herz, wenn ich beim Durchblättern dieser Seiten sehe, wie schön wir waren ... es bewegt mich, und während ich diese Fotos berühre, wird mir bewusst, dass du unsere Jugend, unser Leben eingefangen hat ...

Ich lächle über längst vergessene Grimassen, lächle, wenn ich die Strände sehe, die Landschaftsaufnahmen, auf denen meine Töchter zu sehen sind, wenn ich unsere Tage und unsere Nächte betrachte ... und ... wenn ich über diese Erinnerungen nachdenke, bin ich dir unendlich dankbar, dass all dies für die anderen nicht verloren ist ... dank deines verständnisinnigen Blickes, du, von dem Serge und ich spürten, dass du uns immer wohlgesinnt warst ...

Ich schließe dieses Buch wieder ... und empfinde es als sehr großes Glück für Kate und für Charlotte, dass du dabei warst ... deshalb freue ich mich, dass es dieses Buch gibt ... es erscheint mir wie ein Glücksbeweis ... ich bin froh, dass auch du noch immer da bist, um, wie ein Schauspieler, deinen Applaus zu hören ... zu hören, wie wir, deine Zuhörer, dein Publikum ... deine Freunde applaudieren ...

Jane

»SOIXANTE-NEUF ANNÉE ÉROTIQUE«

Bei Régine, Pfarrhaus von Englesqueville-en-Auge in der Normandie, 1969.

Es war im Sommer 1969, direkt nach den Dreharbeiten zu dem Film *Slogan*, in der Normandie in der Nähe von Trouville-sur-Mer. Serge hatte mich eingeladen, ihn in Englesqueville bei Régine besuchen zu kommen, wo er einige Tage mit Jane und ihrem Bruder Andrew Birkin verbrachte.

Ich begegnete Jane dort zum ersten Mal. Régine und ich kannten uns bereits, da ich Mitte der sechziger Jahre des Öfteren in ihren Club ging. Ich fing an, beim Essen ein paar Fotos zu schießen. Wir machten dann noch weitere Aufnahmen in der Nähe von Régines Pfarrhaus. Anschließend begannen wir mit einer Partie Schach, die wir mit einem dort in der Gegend hergestellten Calvados begossen.

Wir lachten viel und als wir die Partie beendeten, waren wir total betrunken. Jane und Serge fuhren mit dem Zug zurück. Serge hatte nie den Führerschein gemacht. Er hatte einen Rolls Royce gekauft, der aber in einer Garage blieb. Die Kühlerfigur »Spirit of Ecstasy« hatte einen festen Platz bei ihm auf dem Wohnzimmertisch.

Die Zeitschrift *Salut Les Copains* hatte mich beauftragt, im April 1969 in London Fotos von Jane zu machen. Im März 1970 stattete ich dem Hause in der Cheyne Row im Londoner Viertel Chelsea, in dem sie mit Janes Tochter Kate wohnten, einen weiteren Besuch ab.

Jane im Londoner Battersea Park im März 1970.

Scheinhochzeit?
Regent's Park, London, April 1970.
»For Fun« Jane

1970 hatte *Paris Jour*, eine Pariser Tageszeitung, Serge und Jane vorgeschlagen, mit Kate einen Nachmittag auf dem Rummel der Foire du Trône zu verbringen.

Diese Session hatte ich mit Jane 1969 in Vaux-de-Cernay organisiert, das in der Nähe von Rambouillet im Großraum Paris liegt. Dafür hatte ich Orte ausfindig gemacht, die vom Licht her interessant waren.

»MELODY NELSON«

A LES CHEVEUX ROUGES ET C'EST
LEUR COULEUR NATURELLE

Shooting für das Plattencover des Albums *Melody Nelson* im Studio 44, in der Rue Legendre, Paris, im Januar 1971.

Jane hatte Serge zu *Histoire de Melody Nelson* inspiriert, einem der ersten Konzeptalben, die in Frankreich 1971 herauskamen. Dieses Album, das 1970/71 in London (im Studio Marble Arch) und in Paris (im Studio des Dames) aufgenommen wurde, erwies sich bei seiner Veröffentlichung kommerziell gesehen als absoluter Reinfall, wahrscheinlich weil es seiner Zeit zu weit voraus war.

An dem Album war die Crème de la Crème der Studiomusiker jener Zeit beteiligt: Alan Parker (Gitarre), Herbie Flowers (Bass), Dougie Wright (Schlagzeug), Alan Hackshaw (Klavier), Jean-Claude Vannier (Orchestrierung und Arrangement). Es erzählt die halb-biografische Geschichte einer Liebe zwischen einer jungen Frau, Melody Nelson, und Serge Gainsbourg als Pop-Sinfonie.

Es ist schon recht amüsant, dass die Platte, die damals so wenig Erfolg hatte, heute als eines der Hauptwerke in Gainsbourgs musikalischem Gesamtwerk und der französischen Musik im Allgemeinen angesehen wird. Ihr Einfluss hat die Grenzen Frankreichs inzwischen weit überschritten und sie wird momentan von vielen jungen internationalen Künstlern gesampelt und gecovert.

Ich hatte einige Fotos von Serge gemacht, wie er mit Jean-Claude Vannier in Janes Haus in London am Klavier saß und an *Melody Nelson* arbeitete, aber leider sind die Fotos verschwunden. Manchmal, wenn sie ins Studio gingen, um Tonaufnahmen zu machen, nutzten Jane und ich diese Gelegenheit, um Fotos zu machen.

Jean-Claude Vannier kannte ich seit einigen Jahren: Wir begegneten einander damals in Aufnahmestudios, wo uns auch noch andere Künstler über den Weg liefen. Später arbeitete ich ein weiteres Mal mit ihm, um Fotos für das Cover seines Albums *Insolitudes: L'Enfant assassin des mouches* zu machen, das 1972 veröffentlicht wurde. Die Aufnahmen machten wir an einem Strand in Le Touquet. Lustigerweise hatte Serge in dieser Stadt zu Beginn seiner Karriere als Pianist gearbeitet.

Der Affe »Monkey« … Kamerad meiner Kindheit,
der mich mein ganzes Leben lang begleitete,
bleibt für immer bei Serge … eine Grabbeigabe
zur Überquerung des Styx … *Jane*

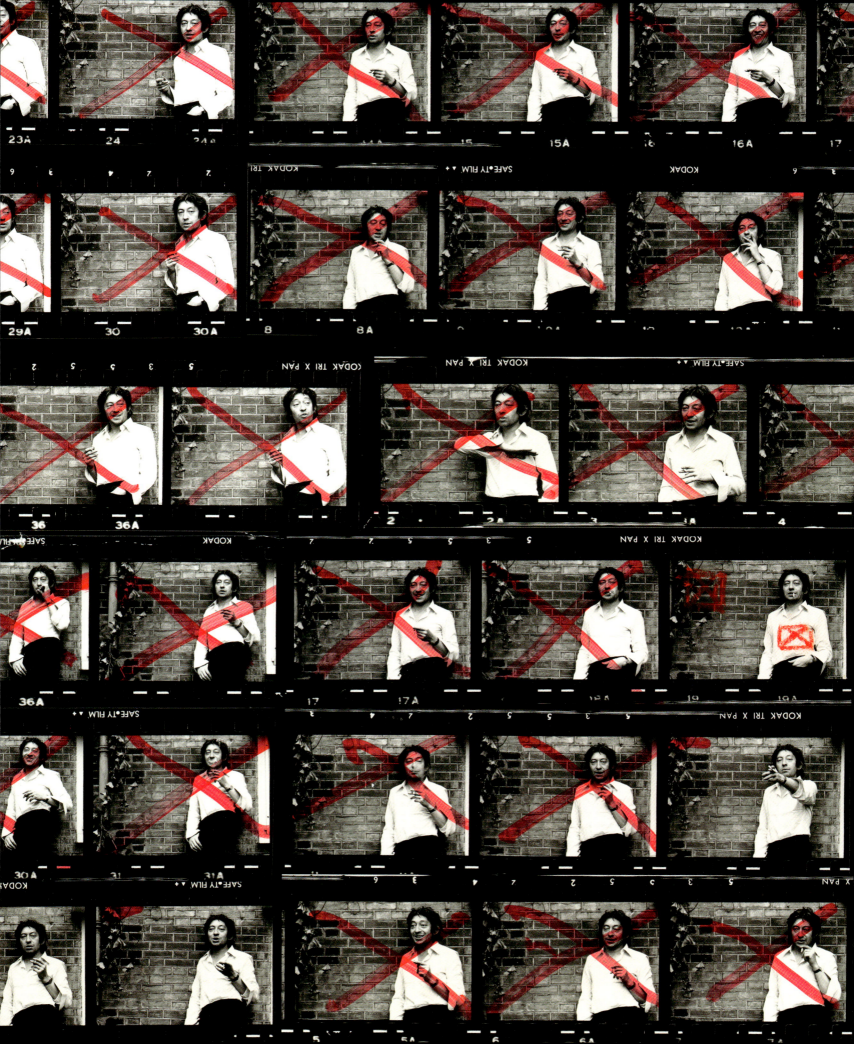

Ein Foto, das Serge mit äußerster Sorgfalt aus den Kontaktabzügen für die Innenseite des Plattencovers von *Melody Nelson* auswählte. Paris, Juli 1970.

Direkt nach der Fotosession zu *Melody Nelson* nahm Jane ihre Perücke ab und wir machten eine Porträtserie, von der ein paar Aufnahmen hier zu sehen sind.

»JANE B.«

SIGNALEMENT YEUX BLEUS,
CHEVEUX CHÂTAINS, JANE B. ANGLAISE
DE SEXE FÉMININ ...

Charlottes Ankunft in Chelsea, London, im Juli 1971.

PAR HASARD ET PAS RASÉ PAR HASARD
ET PAS RASÉ PAR HASARD ET PAS RASÉ

»So richtig entdeckte ich Serge Gainsbourg 1965 in einer Sendung von Denise Glaser. Dort sang er im Playback das Lied *Quand mon 6'35 me fait les yeux doux*. Mir gefiel es unheimlich gut, ich war total begeistert. 1978 sang er anlässlich unseres Albums *OK Carole* mit uns zusammen unsere Coverversion von *Papillons noirs*, das er für Michèle Arnaud geschrieben hatte und von dem ich die EP-Single besaß.

In Reims ging er mit uns ein weiteres Mal auf die Bühne anlässlich einer Feier, die von Phonogram, unserer gemeinsamen Plattenfirma, organisiert wurde. Das war ihm seit 1965 nicht mehr passiert! Da wurde ihm dann bewusst, welchen Einfluss er auf Jugendliche zu haben vermochte. Am Ende sagten wir uns, dass dieses Showcase-Konzert eine schöne Probe war und wir in Mogador, bei seinem offiziellen Bühnen-Comeback, noch besser sein würden. Es war ein sehr beeindruckendes Konzert. Vor einer solchen Zuschauermenge zu stehen war unglaublich und unheimlich motivierend. Später rief er uns an, um uns mitzuteilen, dass er einen Song für uns geschrieben hatte: *Betty Jane Rose*. In der Rue de Verneuil spielte er uns eine Probeversion des Stückes vor. Der Text war fertig, die Melodie sehr einfach. Er fand in meinem Beisein noch andere Varianten. Und ich machte meinerseits Arrangements, die ihm gut gefielen.

Eines war an ihm ganz großartig, und zwar die Genauigkeit, die er beim Komponieren an den Tag legte. Er dachte, wir würden ihn nach dieser Single bitten, ein Album zu machen, aber wir waren auf unsere eigenen Sachen konzentriert und letztendlich endete unsere Zusammenarbeit an diesem Punkt. Er revanchierte sich in regelmäßigen Abständen bei uns, denn man bat ihn häufig, in Fernsehsendungen aufzutreten, zu denen er uns dann ebenfalls einlud.

Ich beschäftigte mich zu jener Zeit sehr intensiv mit Gainsbourg, hörte mir vor allem aber seine Cha-Cha- und Jazz-Periode an. Allzu viel konnte ich nicht dazu sagen, da es nicht dem entsprach, was in der damaligen Rockmusik üblich war. Von Serge Gainsbourg hatte ich noch immer dieses Bild aus seiner Anfangszeit im Kopf und so, wie er da war, verehrte ich ihn. Im Laufe der Zeit begann ich seine Ticks und Eigenheiten beim Schreiben seiner Lieder zu verstehen, denen ich zu Beginn überhaupt keine Beachtung geschenkt hatte.

Mit Ronnie Bird zusammen war er der einzige Franzose, der es mit den Engländern aufnahm. Insgesamt machten wir zusammen vier offizielle Konzerte: in Lyon 1978, in Mogador 1978, im Palace 1979 und im Pariser Palais des Sports beim Frenchrockmania-Festival 1979.

Vincent Palmer

Im Théâtre Mogador mit Bijou (Philippe Dauga, Vincent Palmer, Dynamite), der ersten französischen Rockgruppe, die man zur Punkbewegung zählte. Paris, Dezember 1978.

5BIS,
RUE DE VERNEUIL

Ich kam eines Tages in die Rue de Verneuil und begegnete dort einem sehr glücklichen und stolzen Serge. Ein bisschen sah er aus wie ein Kind. Er hatte nämlich gerade, anlässlich seines zwanzigjährigen Karrierejubiläums, eine Marionette geschenkt bekommen, die aussah wie er. Serge bat mich, sie zusammen zu fotografieren.

Flipperpartie mit Kate und Charlotte,
Paris, Rue de Verneuil, im Dezember 1979.

Serge hatte mich gebeten, mal einen Tag zu ihm zu kommen, um an einem ersten Plattencover zu arbeiten, teilte mir aber nicht mit, worum es sich genau handelte. Als ich ankam, bat er mich darum, im hinteren Bereich des Wohnzimmers Scheinwerfer aufzustellen, um Fotos in amerikanischer Einstellung zu machen. Als er dann rausging und mir sagte, er würde in wenigen Minuten wiederkommen, entdeckte ich die Vergrößerung einer Seite, die aus der deutschen Nazipropagandazeitschrift *Signal* stammte. In den sechziger Jahren waren diese Zeitschriften bei einigen Sammlern sehr gefragt, vor allem auf Flohmärkten. Dann tauchte Serge wieder auf – und trug die Uniformjacke eines Wehrmachtsoffiziers. Ich war ziemlich verwundert. Serge wollte diese Fotos für das Cover seines Albums *Rock Around The Bunker* nehmen. Letztendlich entschied er sich dafür, das Cover anders zu illustrieren, mit dem Design, das man heute kennt. Ich nehme an, dass sich entweder die Plattenfirma weigerte, dieses Foto zu verwenden, oder er selbst machte einen Rückzieher, weil er spürte, dass er mit seiner Provokation zu weit ging.

Plattencoverprojekt für *Rock Around The Bunker*, 1974.

LE PALACE

AUX ARMES ET CÆTERA ...

Im Palace bei der Feier anlässlich seiner zwanzigjährigen
Musikerkarriere, Dezember 1979.

Diese Aufnahmen entstanden während der Proben im Palace. Die Musiker von Peter Tosh und die Background-Sängerinnen von Bob Marley begleiteten Serge. Es freute ihn sehr, mit diesen jamaikanischen Musikern zu arbeiten, und er war außerdem glücklich darüber, dass auch seine Familie dabei war. Im kleinen Bistro neben dem Palace fand man sich zusammen.

Mit von der Partie waren Jane, Charlotte, Kate, Andrew und alle Musiker: Robbie Shakespeare (Bass), Sly Dunbar (Schlagzeug), Marcia Griffiths, Judy Mowatt und Rita Marley (Background), Michael »Mao« Chung (Sologitarre), Radcliffe »Dougie« Bryan (Rhythmusgitarre), Ansel Collins (Orgel) und Uziah »Sticky« Thompson (Percussion).

Signierstunde in einer Buchhandlung für den Roman *Evguénie Sokolov*, erschienen bei Gallimard (im Deutschen unter dem Titel *Die Kunst des Furzens* erschienen).

Am 25. März 1980 rief Serge mich an und sagte: »Junge, morgen früh musst du mitkommen. Ich zieh mir einen Anzug an.« Als ich ankam, war er fertig und wir machten uns auf zur Rue Sébastien-Bottin. Er wollte seine Vertragsunterzeichnung bei Gallimard festhalten.

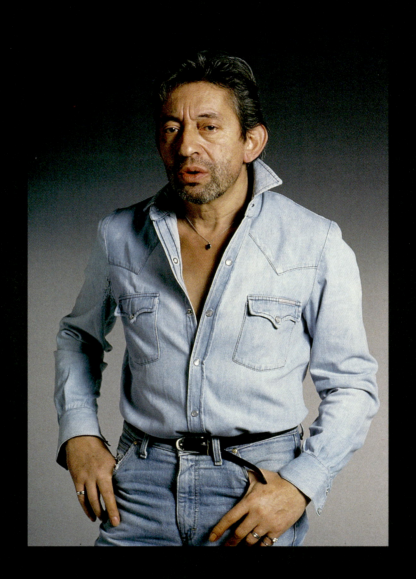

Casino de Paris, September 1985.

Vor dem Konzert allein in seiner Garderobe.
Danach mit Jane und Charlotte, September 1985.

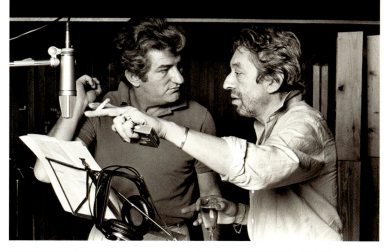

»Wir mussten nun nur noch die Stimmen auf die bereits aufgenommene Instrumentalspur setzen. Am späten Vormittag trafen wir uns dazu bei unserem Freund Blumenfeld im Studio Marcadet. Jeder hatte seine Munition mitgebracht: Serge seinen Champagner und ich meinen Malt-Whisky. Innerhalb einer knappen Stunde war die Sache erledigt.« *Eddy Mitchell*

Aufnahme des Chansons *Vieille canaille* mit Eddy Mitchell, Studio Marcadet, Porte de la Chapelle, November 1985.

Beim Durchblättern dieses Buches kommen die Erinnerungen wieder. Ich bedaure, dass das alles zu einer Zeit geschah, in der ich zu jung war. Gerne hätte ich dem Ganzen mehr Aufmerksamkeit geschenkt.

Ich erinnere mich an all die Ratschläge und Anweisungen, die Serge mir gab, als wir die Fotos machten. Die sind mir immer im Gedächtnis geblieben: nicht ins Objektiv schauen, die Art, wie man die Hände in die Taschen steckt und dabei darauf achtet, dass sie ganz flach anliegen, Mittel- und Ringfinger aneinanderpressen, weil die Hand dadurch länger wirkt.

Er achtete sehr auf das Licht und auf die Schatten, die auf sein Gesicht fielen, darauf, dass sich ein jedes Ding an seinem Ort befand.

Bei Tonys Fotos ist es manchmal eher das Bild an sich, das mir im Gedächtnis geblieben ist, als das eigentliche Ereignis. Mit dem Bild kommen jetzt die Erinnerungen zurück.

Charlotte

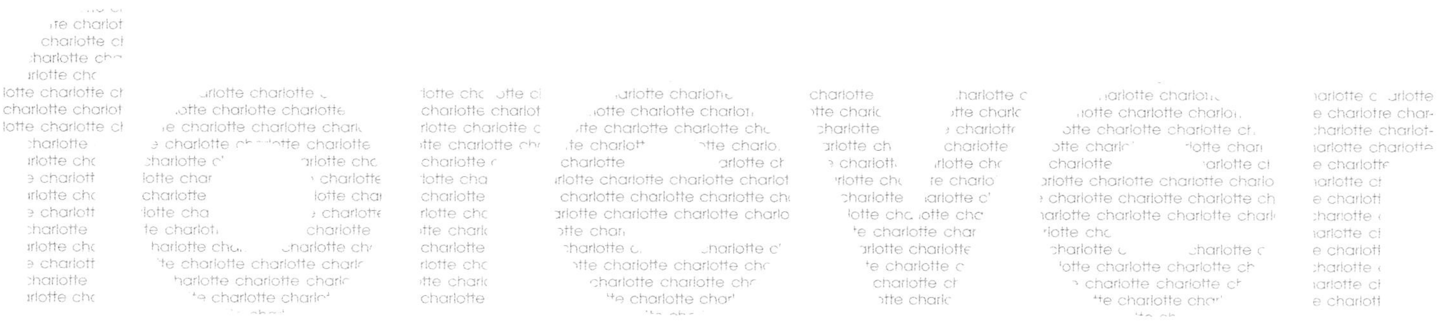
charlotte charlotte charlotte

La Défense, Juli 1985.

Die Dreharbeiten zu dem Video von *Lemon Incest* fanden im Studio Francoeur unter der Leitung des Chefkameramanns Bruno de Keyzer an einem langen Wochenende um den 15. August herum statt, denn Serge legte großen Wert auf dessen Anwesenheit. Dieser arbeitete zu jenem Zeitpunkt an dem Film *Um Mitternacht* von Bertrand Tavernier.

Video zu *Lemon Incest* mit Charlotte, Paris, August 1985.

Im August 1986 ging ich mehrmals in die damals noch existierenden Studios de Boulogne, an den Drehort von Serges Film *Charlotte For Ever*. Er wohnte im Hôtel Raphaël, vermutlich um mehr Ruhe zu haben und besser arbeiten zu können. Die Tage waren bei ihm dermaßen vollgepackt mit Arbeit, dass er so gut wie gar nicht mehr schlief. Morgens fuhr er schnell nach Épinay, um eine erste Zusammenstellung der Aufnahmen zu sehen, und zur Mittagszeit kam er dann in Boulogne an. Dann machte er mit seinem treuen Chefkameramann Willy Kurant den Schnitt und feilte mit ihm an einigen Details. Nachmittags wurde gedreht. Dann fuhr er nach 19 Uhr wieder los, um sich das Rohmaterial des Vortages anzusehen. Danach kehrte er ins Hotel zurück und bereitete die Szenen für den nächsten Tag vor.

Flashbacks und Flashforwards ... Sollte es für uns in diesem einen Leben mehrere geben?

Jedes Foto, das ich sehe, bringt die Erinnerung an dich zurück, genau wie wenn ich heute unseren Sohn anschaue ...

All diese glücklichen, sorglosen, aber manchmal auch spannungsgeladenen Momente, die Tony, unser alter Freund und Fotograf, genau in dem Moment einzufangen verstand, wenn gerade etwas passierte, ohne uns jedoch in unserer Privatsphäre zu stören.

Was wird außer der Liebe, die man bekommen und gegeben hat und die man immer noch gibt, bleiben?

Bambou

»Bambou« – voyage par la pensée

Bei der Aufnahme von Bambous Singles *Lulu* und *Shanghai* im Studio +30, Paris, August 1986.

Serge hatte mich gebeten, ihm für die Fotosession zu seinem Buch *Bambou et les poupées* ein paar technische Tipps zu geben. Im Studio 44, Rue Légendre, Paris, November 1981.

Ankunft von Lulu in der Rue de Verneuil, Paris, Januar 1986.

Ich hatte Serge mit meinem Auto zur Klinik gefahren, um Bambou und Lulu abzuholen, der gerade zur Welt gekommen war. Ich erinnere mich daran, dass Serge an jenem Tag einen Spazierstock dabeihatte. Es war Lulus erster Tag in der Rue de Verneuil.

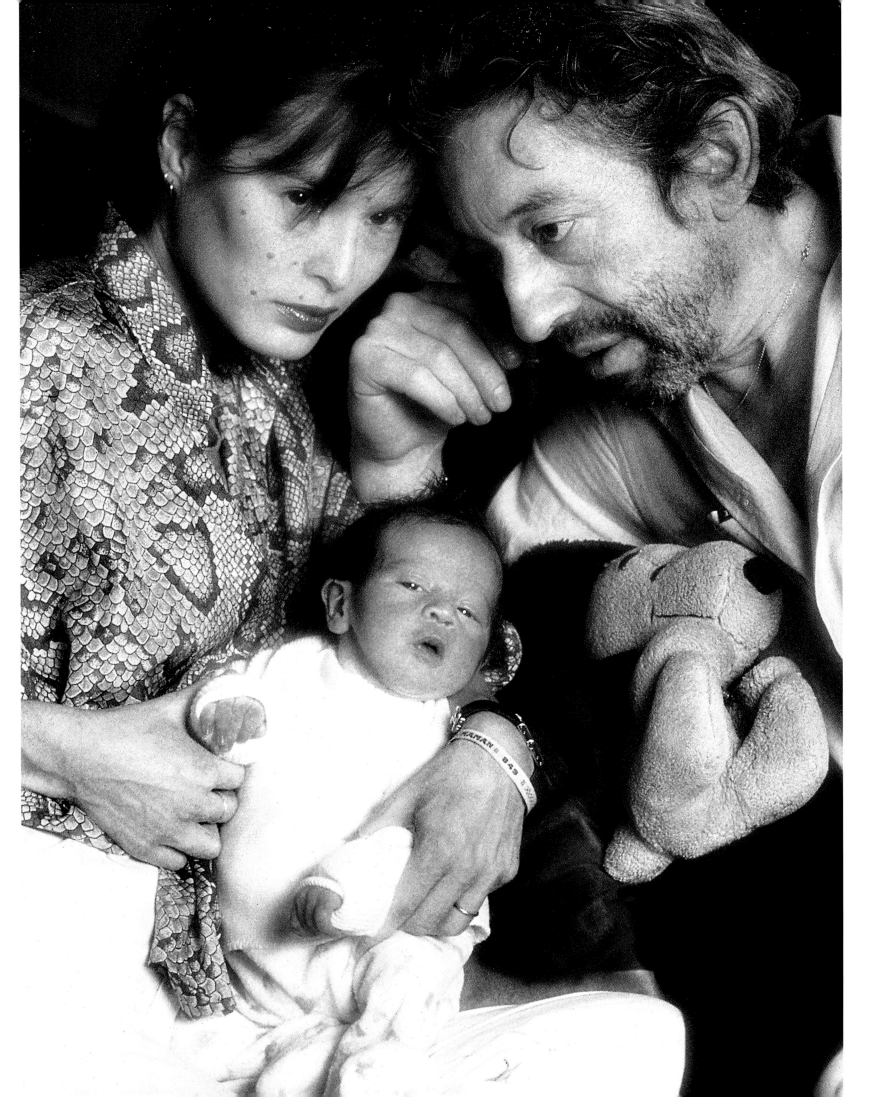

SERGE GAINSBOURG (1928 – 1991)
AUTOR, KOMPONIST, INTERPRET, REGISSEUR, SCHAUSPIELER

1928 – 1938

Serge Gainsbourg wird am 2. April 1928 als Lucien Ginsburg in Paris geboren. Er hat zwei Schwestern: eine Zwillingsschwester namens Liliane und eine ältere Schwester, Jacqueline. Seine Eltern Olga und Joseph Ginsburg sind Immigranten russisch-jüdischer Herkunft, die ihren Glauben jedoch nicht praktizieren und seit 1921 in Frankreich leben. Sein Vater ist Pianist. Die Familie Ginsburg lebt von 1928 bis 1932 im 20. Arrondissement. Mit vier Jahren lernt Lucien in der neuen Wohnung im 9. Arrondissement von seinem Vater das Klavierspielen. Tagsüber spielt sein Vater Chopin, Vivaldi, Bach, aber auch Jazz … Abends arbeitet er in den Cabarets, Bars und russischen Restaurants von Pigalle. Als Lucien zehn ist, ist Charles Trenet sein Lieblingssänger.

1939 – 1945

Lucien lernt auf der Straße Fréhel kennen und beschließt, singen zu lernen. 1940 beginnt er an der Kunstakademie von Montmartre zu studieren und besucht dort die Kurse der Postimpressionisten Camoin und Jean Puy. Der Krieg und der Beginn des Vichy-Regimes bringen die Ginsburgs dazu, Paris zu verlassen und nach Limoges zu ziehen. Mehrmals gelingt es der Familie, bei Razzien zu entkommen, und im Herbst 1944 kehren sie nach Paris zurück. Im März 1945 beschließt Lucien, sein Studium zu unterbrechen, besucht aber weiterhin Zeichen- und Malkurse an der Akademie von Montmartre. Er schreibt sich dort ebenfalls für Architektur ein.

1946 – 1953

Bei Lucien zu Hause wird Strawinski, Bartók, Debussy, Prokofjew, Schostakowitsch und Chopin gehört, aber keine Chansons, da sein Vater dieses Genre verachtet. Lucien möchte Maler werden, aber sein Vater, der sich um die Zukunft seines Sohnes sorgt, drängt ihn dazu, Pianist zu werden. Die Ginsburgs ziehen ins 16. Arrondissement. Lucien beginnt, abends in Bars und Tanzlokalen zu spielen, um ein wenig Geld zu verdienen, und besucht weiterhin regelmäßig die Kunstakademie. Im Frühling 1947 lernt er Élisabeth Levitsky kennen, die er 1951 heiratet. 1947 schreibt er sich, nachdem er an der Kunstakademie aufgehört hat, in der Pariser École Normale de Musique ein, wo er Kurse in allgemeiner Musiklehre und Harmonielehre besucht. Er will Liedkomponist werden. Als er 1949 aus dem Wehrdienst zurückkehrt, nimmt er sein Bohemienleben mit Élisabeth wieder auf. Zwischen 1950 und 1952 schreibt und komponiert er seine ersten Gitarren- und Klavierlieder und entfernt sich mehr und mehr von der Malerei.

1954 – 1957

1954 hat er im Club de la Forêt in Le Touquet ein Engagement als Salon-Pianist. Nach der Sommerpause löst er seinen Vater als Pianist im Cabaret de Madame Arthur ab, das für seine Verwandlungskünstler berühmt ist. 1955 wohnt Lucien dem Gesangskonzert von Boris Vian im Trois Baudets, einem Pariser Cabaret, bei, wovon er vollkommen überwältigt ist. Später wird er darüber sagen: »Weil ich ihn singen hörte, beschloss ich, in dieser niederen Kunst mein Glück zu versuchen ...« 1956 arbeitet er als Pianist und Gitarrist im Cabaret Milord L'Arsouille, wo er die Sängerin Michèle Arnaud begleitet. 1957 nimmt er das Pseudonym Serge Gainsbourg an und liefert als Autor und Komponist das Chanson *Le poinçonneur des Lilas* bei der SACEM ab. Im selben Jahr lässt er sich scheiden. Denis Bourgeois, Produzent bei Philips, entdeckt ihn im Milord und schlägt ihm vor, ein Demoband aufzunehmen. Jacques Canetti, künstlerischer Direktor (und zugleich Inhaber des Trois Baudets), ist von Gainsbourg sehr angetan und bietet ihm einen Vertrag an.

1958 – 1962

Im September 1958 bringt Serge Gainsbourg seine erste Langspielplatte heraus: *Du chant à la une!* Von November an singt er gleichzeitig im Trois Baudets und im Milord L'Arsouille. Zu Beginn des Jahres 1959 verbringt Gainsbourg einen Nachmittag bei Boris Vian in der Cité Véron. Am 23. Juni 1959 stirbt Vian. Im Juli 1959 erscheint *N°2*, Gainsbourgs zweites Werk. Seinen ersten Erfolg erzielt er im Januar 1960 mit *L'eau à la bouche*. Die dritte 25-cm-LP *L'Étonnant Serge Gainsbourg* kommt am 5. April 1961 heraus. Auf ihr sind *La chanson de Prévert*, *En relisant ta lettre*, *Les femmes c'est du chinois*, *Les amours perdues* zu hören ... Am 23. Mai 1962 erscheint *N°4*, seine vierte Platte. Diese vier Alben wurden in Bars und Tanzlokalen aufgenommen und von Alain Goraguer und seinem Orchester arrangiert. Für Juliette Gréco schreibt Gainsbourg *La javanaise*.

1963 – 1964

Er arbeitet weiterhin mit Alain Goraguer zusammen und komponiert den Soundtrack für den Film *Das Mädchen Ariane*, bei dem unter anderem die Sängerin Nico mitspielt. An den vier Dienstagen im Oktober 1963 tritt Serge Gainsbourg im Théâtre des Capucines auf, gemeinsam mit dem Gitarristen Elek Bacsik und dem Kontrabassisten Michel Gaudry, mit denen er *Gainsbourg confidentiel*, sein fünftes Album, aufnimmt, das 1964 herauskommt. Er heiratet Françoise Pancrazzi, mit der er zwei Kinder haben wird: Natacha und Paul. Er beginnt für verschiedene Sängerinnen zu schreiben und zu komponieren: France Gall, Isabelle Aubret, Petula Clark, Mireille Darc ... Im Oktober 1964 trifft sich Gainsbourg mit Alain Goraguer im Studio, um sein sechstes Album, *Gainsbourg percussions*, aufzunehmen, das die Lieder *Couleur café*, *Pauvre Lola* und *New York USA* enthält und Anfang Januar 1965 erscheint.

1965 – 1967

Als er von Denise Glaser für *Discorama* zu den Themen Yé-yé- und Rockmusik interviewt wird, antwortet er: »Ich habe meine Jacke umgedreht, da ich gemerkt habe, dass das Futter zu sehen war. Ich finde es akzeptabler, unprätentiöse Rockmusik zu machen als schlechte Chansons, die vorgeben, einen literarischen Anspruch zu besitzen ...« Die Verkaufszahlen seiner eigenen Platten sind eher eine Enttäuschung, doch die Interpretinnen, für die er Lieder schreibt, haben damit Erfolg. *Poupée de cire, poupée de son*, das er für France Gall komponiert, gewinnt am 20. März 1965 den Grandprix. Gainsbourg beschließt, sich von der Bühne zurückzuziehen, um sich dem Songschreiben für Valérie Lagrange, Brigitte Bardot, Régine und andere zu widmen. Im Herbst 1965 trennt er sich von seiner zweiten Frau. Unter der Leitung des Produzenten Arthur Greenslade nimmt er *Qui est 'in', qui est 'out'* und *Docteur Jekyll et Monsieur Hyde* auf, zwei Titel, die Ende 1965 in die Hitparaden gelangen. Serge Gainsbourg kommt nicht nur in Mode, sondern ist ihr sogar um einiges voraus und reiht einen Erfolg an den anderen, zum Beispiel mit dem für France Gall geschriebenen *Les Sucettes*, und mit *Les papillons noirs*, das er für Michèle Arnaud schreibt (und das 1978 von Bijou gecovert wird). Außerdem komponiert er den Soundtrack zu mehreren Filmen. Der Film *Anna*, mit Jean-Claude Brialy und Anna Karina unter der Regie von Pierre Koralnik, der 1967 ausgestrahlt wird, ist eine der ersten Farbfernsehsendungen. Es handelt sich dabei um eine Popmusikkomödie, arrangiert von Michel Colombier, mit Liedern wie *Sous le soleil exactement*, *C'est la cristallisation comme dit Stendhal*, *Boomerang*, *Un poison violent, c'est ça, l'amour* … In jenem Jahr 1967 ist Gainsbourg ständig im Fernsehen.

Im Juni nimmt er in London zusammen mit David Whitaker als Orchesterleiter vier neue Chansons auf: *Comic strip*, *Torrey Canyon*, *Chatterton* und *Hold-up*, und zwar für seine neue Maxi-Single *Mr Gainsbourg*. Er, der seit 1959 regelmäßig als Kino-Schauspieler Filme dreht, tritt, da Gabin ihn darum bittet, im Film *Der Bulle* von Georges Lautner auf. Dort sieht man ihn dabei, wie er das *Requiem pour un con* aufnimmt, das zur Titelmelodie des Films wird. Im Oktober 1967 bietet Gainsbourg Brigitte Bardot Chansons für ihren Auftritt in der *Sacha Show* an, in der sie der Star des Abends ist, darunter *Harley Davidson*, *Contact*, *Bonnie and Clyde*, *Bubble gum* und *Comic strip*. Gainsbourg und Bardot verlieben sich ineinander. Sie sind drei Monate lang liiert. Im Dezember nehmen sie das Duett *Je t'aime, moi non plus* auf, das auf Bardots Bitte nicht veröffentlicht wird (es erscheint erst 1986).

1968 – 1971

Ende Februar 1968 bringt Serge Gainsbourg eine neue Single heraus: *Manon*. Im April nimmt er in London gemeinsam mit Arthur Greenslade vier neue Stücke auf: *Initials B.B.*, *Black and White*, *Bloody Jack* und *Ford Mustang*. Im Mai 1968 lernt er zu Beginn der Dreharbeiten zu dem Film *Slogan* von Pierre Grimblat eine junge Engländerin namens Jane Birkin kennen. Sie werden zwölf Jahre zusammenleben. Mit Françoise Hardy nimmt Gainsbourg *L'anamour* und *Comment te dire adieu* auf. Die Monate November und Dezember verbringen Serge und Jane im Londoner Studio, wo sie gemeinsame Aufnahmen machen: *Je t'aime moi non plus*, *L'anamour*, *Jane B.*, *Elisa* und *69 année érotique* … Die Single *Je t'aime moi non plus* erscheint im Januar 1969. Danach folgt das Album *Jane Birkin et Serge Gainsbourg*. Das Lied wird in Frankreich und im Ausland zu einem Hit (am Jahresende 1969 zählt man weltweit schon fast drei Millionen verkaufte Platten). Serge und Jane werden zu einem Paar, das in den Medien sehr präsent ist. Sie leben in einem kleinen Haus, das Gainsbourg im Januar 1968 gekauft hat und das sich in der Rue de Verneuil 5bis im 7. Arrondissement befindet.

Im Januar 1970 arbeitet Gainsbourg mit dem Arrangeur Jean-Claude Vannier zusammen an dem Soundtrack für den Film *Der Erbarmungslose* von Pierre Granier-Deferre und danach, im April, an der Filmmusik für *Cannabis – Engel der Gewalt* von Pierre Koralnik. *L'Histoire de Melody Nelson*, arrangiert von Claude Vannier, erscheint im März 1971. Darauf zu hören sind Lieder wie *Melody*, *Ballade de Melody Nelson* und *Cargo culte*. Das Album, das eines der ersten französischen Konzeptalben ist, wird von der Presse mit den Worten gefeiert, es sei »das erste echte symphonische Gedicht des Pop-Zeitalters«, jedoch verkauft es sich nicht mehr als 20.000 bis 30.000 Mal. Joseph Ginsburg verstirbt am 22. April 1971. Am 21. Juli 1971 wird Charlotte Gainsbourg in London geboren.

1972 – 1978

1972 komponiert Gainsbourg zusammen mit Vannier den Soundtrack zu dem Film *Sex-Shop* von Claude Berri, aber auch Janes erstes Album: *Di Doo Dah*, das Anfang 1973 herauskommt. Am 15. Mai 1973 erleidet Gainsbourg einen Herzinfarkt. Ende November erscheint die Single *Vu de l'extérieur*, auf der das Stück *Je suis venu te dire que je m'en vais* zu hören ist. Gainsbourg fährt wieder nach London, um *Rock Around The Bunker* aufzunehmen, das im Februar 1975 herauskommt. Im Juni 1975 nimmt er seinen ersten Sommerhit auf: *L'ami Caouette* (diesem folgt 1977 *My lady héroïne* und 1978 *Sea, sex and sun*), arrangiert von Jean-Pierre Sabaar. Im September 1975 erscheint Janes zweites Album: *Lolita Go Home*. Die Musik wurde von Serge komponiert. Im gleichen Monat beginnt er mit den Dreharbeiten zu dem ersten Film, bei dem er selbst Regie führt. Es handelt sich dabei um *Je t'aime* mit Jane Birkin, Hugues Quester und Joe Dallessandro. Im November 1976 wird sein neues Konzeptalbum *L'Homme à tête de chou* einhellig von der Kritik gefeiert. Jane Birkins Album *Ex-fan des sixties* erscheint im Februar 1978. Im Sommer 1978 bitten die Mitglieder der Band Bijou Serge Gainsbourg um die Erlaubnis, *Les papillons noirs* zu covern, und fragen ihn dann, ob er sie ins Studio begleiten und das Stück mit ihnen als Duett aufnehmen würde. Ende des Jahres schreibt

er das Lied *Betty Jane Rose* für sie. Im November 1978 bringen ihn die Musiker von Bijou dazu, mit ihnen in Épernay auf die Bühne zu gehen. Das Publikum möchte mehr davon sehen. Trotz seines Lampenfiebers ist Gainsbourg erstaunt, wie gut es gelaufen ist. Die Band Starshooter covert *Le poinçonneur des Lilas* als Punkversion. Gainsbourg wird von einer ganzen Generation wiederentdeckt. Er geht in Mogador, im Palais des Sports von Paris und in Lyon erneut mit Bijou auf die Bühne. Die ausgesprochen positive Reaktion des Publikums macht ihm wieder Lust darauf, Konzerte zu geben. Gainsbourg wird zum Superstar.

1979 – 1983

Im Januar 1979 nimmt Gainsbourg im Studio Dynamic Sounds in Kingston, Jamaika, ein Reggae-Album auf: *Aux armes et cætera*. Es wird zu einem riesigen Publikumserfolg (mit mehr als einer Million verkaufter Platten). Gainsbourg covert dort die französische Nationalhymne im Reggae-Rhythmus und gibt ihr einen neuen Namen, was einen handfesten Skandal auslöst. Bald darauf taucht sein großmäuliger Doppelgänger Gainsbarre in den Medien auf, vor allem im Fernsehen. Vom 22. bis zum 31. Dezember tritt Serge Gainsbourg im Palace auf. Am 4. Januar 1980 singt Gainsbourg allein vor sechzig Fallschirmjägern die *Marseillaise*. An der Seite von Catherine Deneuve spielt er in dem Film *Je vous aime* von Claude Berri mit. Im April 1980 bringt er seinen einzigen Roman *Evguénie Sokolov* bei Gallimard heraus (im Deutschen erschienen unter dem Titel *Die Kunst des Furzens*). Er verfällt dem Alkohol nach und nach. Mitte September verlässt ihn Jane Birkin. Für Jacques Dutronc schreibt er *L'hymne à l'amour (moi l'nœud)* und *J'ai déjà donné*.

Im Dezember 1980 lernt er seine letzte Lebensgefährtin Bambou kennen. Anfang 1981 stellt er ein paar Texte für Alain Chamfort fertig, darunter *Bambou* und *Malaise en Malaisie* und nimmt gemeinsam mit Catherine Deneuve ein Album auf: *Souviens-toi de m'oublier*. Im September hält er sich auf den Bahamas auf, um an seinem zweiten Reggae-Werk zu arbeiten, und zwar mit den gleichen Musikern wie bei seinem ersten Werk. *Mauvaises Nouvelles des étoiles* erscheint im November 1981. Im September 1982 beginnt Serge Gainsbourg, sehr eng mit Alain Bashung an dessen nächsten Album zusammenzuarbeiten. Am 3. November kommt *Play Blessures* heraus, ein Kultalbum, das noch fast 25 Jahre nach seinem Erscheinen in aller Munde ist. Im Dezember 1982 beginnt Gainsbourg in Gabun mit den Dreharbeiten zu seiner zweiten Regiearbeit, dem Film *Équateur*. Er komponiert und schreibt die Musik zu einem Album von Jane Birkin, *Baby Alone in Babylone*, und zu einem weiteren Album mit dem Titel *Isabelle Adjani* für die gleichnamige Sängerin.

1984 – 1991

Im Juni 1984 nimmt er in New Jersey, USA, ein neues Funk-Album, *Love On The Beat*, auf, auf dem folgende Titel zu hören sind: *Love On The Beat*, *Sorry Angel* und *Lemon Incest*, das er mit Charlotte Gainsbourg im Duett singt … Auf dem von William Klein entworfenen Cover posiert Gainsbourg als Frau verkleidet. Am 15. März 1985 stirbt seine Mutter Olga. Im September 1985 gibt er ein Konzert im Casino de Paris und geht im November dann auf Tournee durch die Provinz. Am 5. Januar 1986 wird Serges und Bambous Sohn Lucien Gainsbourg geboren. Für den Film *Abendanzug* von Bertrand Blier, der im April 1986 herauskommt, schreibt er den Soundtrack.

Im August und September dreht er zusammen mit seiner Tochter den Film *Charlotte For Ever*. Er selbst spielt darin die Rolle des Stan. Dies nutzt er als Gelegenheit, ein Album zu schreiben, das den Titel *Charlotte For Ever. Lost Song* trägt. Es handelt sich dabei um das neue Werk von Jane Birkin, das im Februar 1987 herauskommt. Im August 1987 nimmt Gainsbourg sein letztes Album in einem New Yorker Studio auf: *You're Under Arrest*. Im März 1988 tritt er an sieben aufeinanderfolgenden Tagen im Pariser Zénith auf und tourt dann durch die französische Provinz und Japan. Mit sechzig ist Gainsbourg immer häufiger deprimiert und leidet an ernstzunehmenden gesundheitlichen Problemen. Für Bambou schreibt er 1989 das Album *Made in China*. Am 20. Juni beginnt er mit den Dreharbeiten zu seinem letzten Spielfilm, *Stan The Flasher* mit Claude Berri. *Variations sur le même t'aime*, das Album, das er für Vanessa Paradis schreibt, erscheint im Mai 1990 und das letzte Album für Jane Birkin, *Amour des feintes*, vier Monate später. Am Samstag, dem 2. März 1991, stirbt Serge Gainsbourg allein in seinem Haus in der Rue de Verneuil an einem Herzinfarkt.

SERGE GAINSBOURG. FOTOGRAFIEN VON TONY FRANK.
Unter Mitwirkung von Jane Birkin, Bambou und Charlotte Gainsbourg
ISBN 978-3-89602-923-2 | Schwarzkopf & Schwarzkopf Verlag GmbH, Berlin 2009.
Übersetzung aus dem Französischen: Ulrike Lelickens. Genehmigte Lizenzausgabe.

Abbildungen: © Tony Frank, www.tonyfrank.fr | Erstmals veröffentlicht in Frankreich unter dem Titel *Serge Gainsbourg* © Editions du Seuil 2009, www.editionsduseuil.fr | Grafikdesign und Entwurf: atomicjetman@ yahoo.fr | Bildunterschriften und Chronologie: Fabrice Couillerot | Künstlerische Leitung: Tony Frank | © der Übersetzung: Schwarzkopf & Schwarzkopf Verlag GmbH, Berlin 2009

KATALOG
Wir senden Ihnen gern kostenlos den Katalog.
Schwarzkopf & Schwarzkopf Verlag GmbH | Abt. Service | Kastanienallee 32 | 10435 Berlin
Telefon: 030 – 44 33 63 00 | Fax: 030 – 44 33 63 044

INTERNET | E-MAIL
www.schwarzkopf-schwarzkopf.de | info@schwarzkopf-schwarzkopf.de